迪士尼 5 分钟全脑开发 初级 下

字在童书 编

化学工业出版社
·北京·

图书在版编目（CIP）数据

迪士尼5分钟全脑开发．初级．下／字在童书编．—北京：化学工业出版社，2021.10
ISBN 978-7-122-39707-2

Ⅰ. ①迪… Ⅱ. ①字… Ⅲ. ①智力开发－学前教育－教学参考资料 Ⅳ. ①G613

中国版本图书馆CIP数据核字(2021)第159759号

责任编辑：潘　清　　　　　　　　　　　　　　责任校对：田睿涵

出版发行：化学工业出版社(北京市东城区青年湖南街13号　邮政编码100011)
印　　装：北京尚唐印刷包装有限公司
787mm×1092mm　1/16　印张4　2022年1月北京第1版第2次印刷

购书咨询：010-64518888　　　　　　　　　　　售后服务：010-64518899
网　　址：http://www.cip.com.cn
凡购买本书，如有缺损质量问题，本社销售中心负责调换。

定　价：19.80元　　　　　　　　　　　　　　版权所有　违者必究

◆米奇正在整理衣服，快来帮帮他吧。请你找出与方框中相同的衣服，并圈出来。

◆请你把黄色纸板外的三角形圈起来，黄色纸板内的长方形打对号。

◆ 百亩森林里生活着很多小动物。请你动手连一连，帮小动物们找到自己的小伙伴吧。

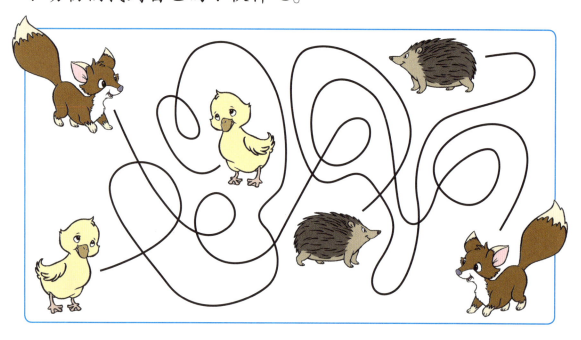

◆ 下面的左图中少了一些画面，请你在右边的小图中找到对应的部分，并用线连起来吧。

图形空间训练　　　　　难度 ★☆☆☆☆

◆ 维尼为小伙伴们准备了一些气球，请你使用数字1~4，把气球按照从大到小的顺序进行排序吧。

◆ 维尼、小猪和跳跳虎谁能刚好看到左下角图中屹耳的脸呢？请你在正确答案的括号中打上"√"吧。

◆ 大宝正忙着帮马戏团挂彩旗。你知道下面这些彩旗的排列有什么规律吗?在圆圈内写上彩旗对应的数字编号吧。

 数字认知训练　　难度 ★☆☆☆☆

◆ 和麦克一起数一数下面的物品，并把正确的数量圈出来吧。

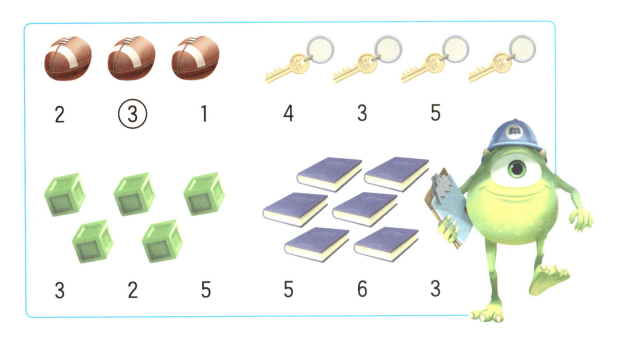

◆ 请你根据数字提示，给下面的蔬果涂上你喜欢的颜色吧。

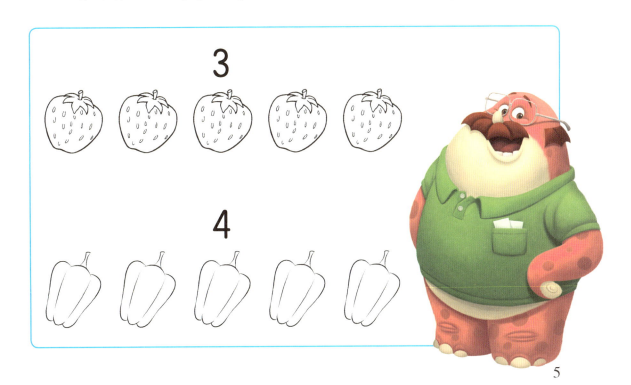

◆ 今天是怪兽大学新生报到的第一天，请你观察下面两幅图，从中找出4处不同吧。

◆ 下面哪两只怪兽一模一样呢？把他们圈出来吧。

◆ 请你把可以拼成完整长方形的图形配对找出来。

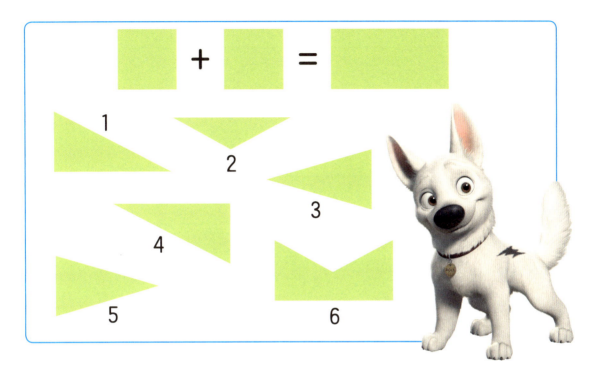

◆ 请依照题目中数字所对应的颜色给下面的小六边形涂色，看看你能完成什么图案吧。

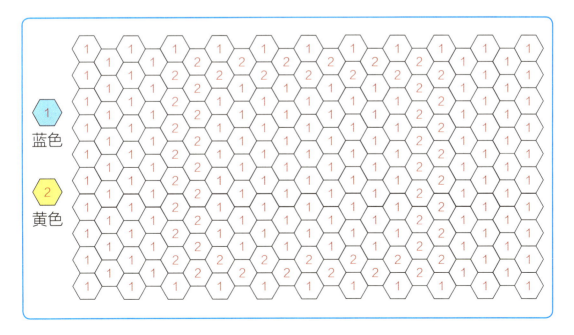

◆ 请你仔细观察乐佩画的房子,你知道她用了哪些图形吗?在右侧的空白处画出来吧。

◆ 请你将下列数字的本来面貌正确地写在对应的空白方框里。

◆ 动物城的居民正在比身高，请你根据下面的比较结果，按照从高到矮的顺序在空白的方框中填上数字1~3。

◆ 请你根据线索提示圈出豹警官描述的物品吧。

◆ 请你和白雪公主一起数一数方格中动物的数量,再用线连上对应的数字吧。

◆ 请你仿照图示中的形式,画一画,算一算,并在空白方框中填上正确的数字吧。

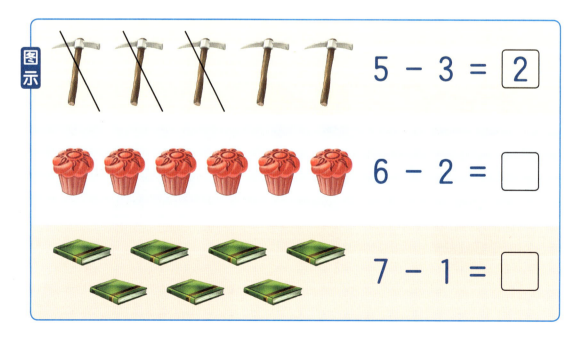

记忆力训练

难度 ★★★★★

◆ 拉尔夫和云妮洛普各自准备了一些糖。请你仔细观察糖果的形状和颜色，然后将图画盖住，回答下面的问题吧。

拉尔夫准备的糖是什么样的呢？请你动手画出来吧。

云妮洛普准备的糖是什么样的呢？请你动手画出来吧。

◆ 米妮准备了很多的蛋糕，请你从中找到右侧的3种蛋糕，并圈出来吧。

◆ 花瓶被不小心弄破了。请你观察下面的碎片，用线连出对应的花瓶吧。

◆ 请你帮黛丝找出玩具鸭最多的行李箱吧。

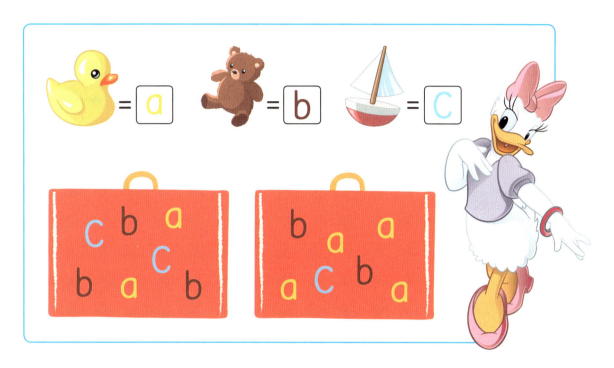

◆ 请你找出下面方框中积木所对应的序号,并写在旁边吧。

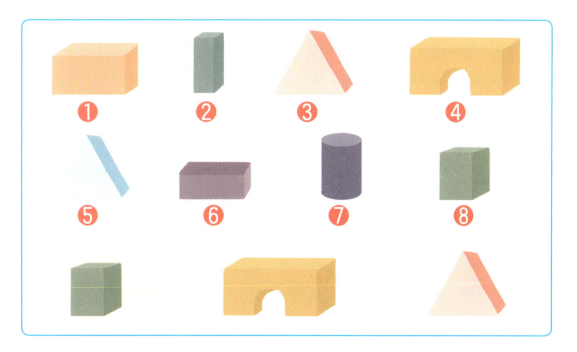

◆ 苏菲亚正在玩图形游戏，请你根据图示的旋转方向，找出旋转后的图形吧。

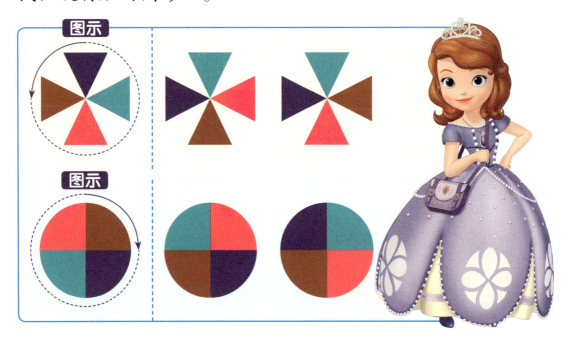

◆ 苏菲亚的柜子里摆着很多物品。请你观察这些物品都放在什么位置呢？根据提示找到对应的物品，并把序号填在空白圆圈中吧。

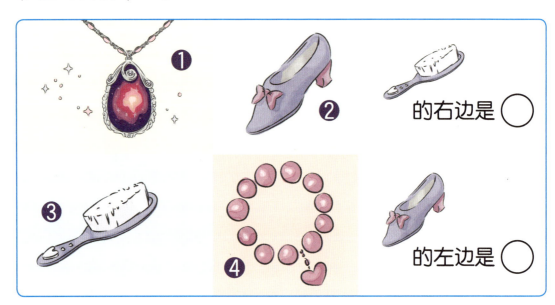

◆ 下面的物品被分成了两部分,请你将能组成完整物品的上下两张图用线连在一起吧。

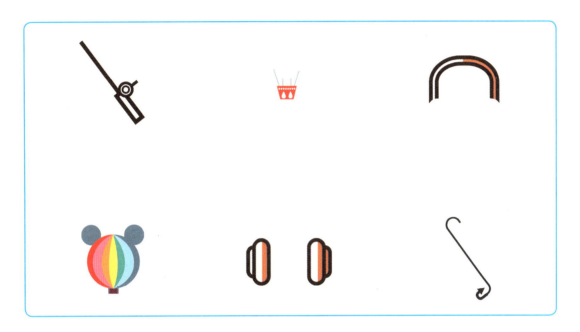

◆ 米奇和米妮要去旅行了。请你根据提示,找出他们的行李箱吧。

◆ 下面的数字有什么规律呢?请你动手补充完整,帮助兔朱迪找到胡萝卜吧。

◆ 请你按照要求把下面的物品进行分组。这些物品一共分成了几组呢?把答案写在空白方框中吧。

观察力训练

难度 ★★☆☆☆

◆ 请你观察下面这两个风筝,你发现它们各自缺少的部分了吗?用线连起来吧。

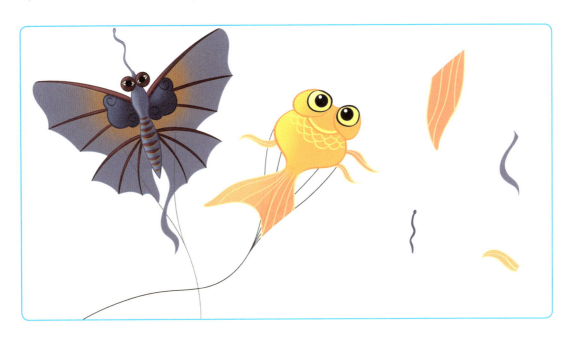

◆ 请你把每组图中与众不同的那个物品圈出来吧。

17

 专注力训练　　　　　难度 ★★☆☆☆

◆请你把与""完全相同的图案圈出来。

◆墙上的画被划破了,请你从下面的选项中找出图画的本来面目,并在正确图画下方的"□"里涂上自己喜欢的颜色吧。

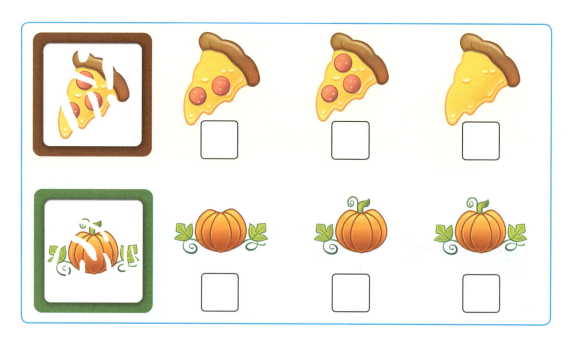

图形空间训练

难度 ★★☆☆☆

◆ 胡迪正在玩图形游戏。请你数一数下面每种图形的数量，把答案写在对应的括号里吧。

正方形 □（　　）个　　长方形 ▭（　　）个

三角形 △（　　）个　　圆形 ○（　　）个

逻辑推理训练

难度 ★★☆☆☆

◆ 米奇正在做手指操,他每次伸出了几根手指呢?请你数一数,然后找到对应的数字,用线连起来吧。

◆ 根据下面的天平上的提示,你知道这些蛋糕哪块轻、哪块重吗?请你按照从轻到重的顺序,在圆圈内标上数字1、2、3吧。

◆ 请你和麦克一起，根据要求动手圈一圈吧。

◆ 请你数一数下面的物品，并在空白方框中写出正确的数字吧。

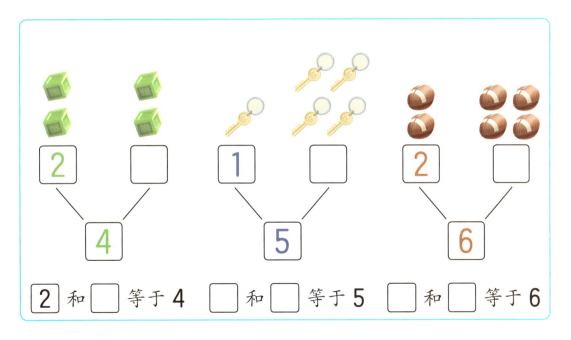

◆米格表演的场景中少了一些画面，请你在右边的小图中找到对应的部分，并用线连起来吧。

◆下面的照片被撕成了很多块，请你仔细观察，把同一张照片的碎片圈出来吧。

◆ 小飞在瑞莫咖啡馆买了很多根冰棍，请你帮他把所有可以拼成完整冰棍的图形配对找出来吧。

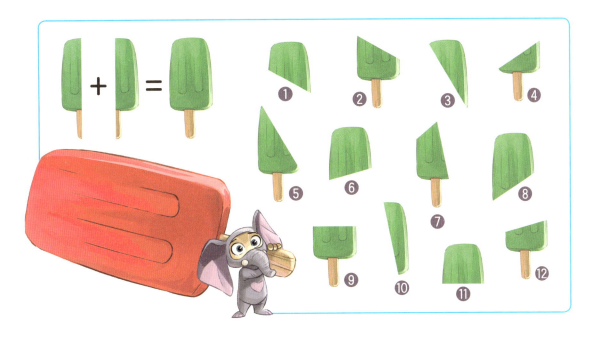

◆ 请你从下面的两幅图中找出5处不同吧。

◆ 忧忧和乐乐正在摆图形,请你找出用了相同图形的图案,并用线连起来吧。

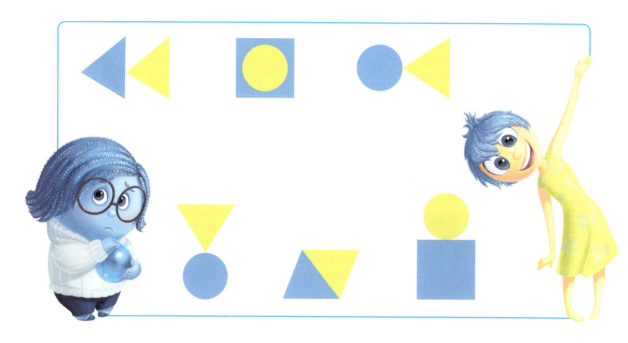

◆ 乐乐和忧忧要穿过迷宫回到大脑总部,请你帮帮她们吧。动手画出他们回到大脑总部的路线。

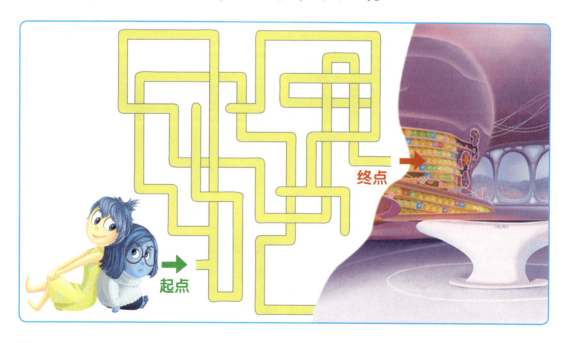

逻辑推理训练

难度 ★★★★★

◆ 娜娜不小心掉进了河里，辛巴的救援行动开始了。请你根据事情发生的先后顺序，给下面的3幅图进行排序，将数字1、2、3填到空白圆圈中。

◆ 沙祖在草原上发现了一些脚印，你发现这些脚印的排列规律了吗？在圆圈中填上对应脚印的字母编号吧。

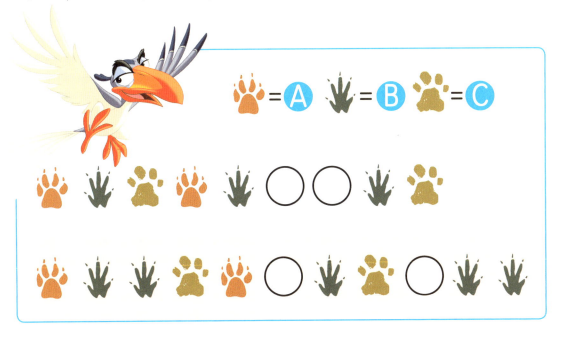

数字认知训练

难度 ★★★☆☆

◆ 雪宝剪了很多雪花贴纸，每种雪花贴纸各有多少片？请你数一数，把正确的数字写在横线上吧。

_____片

_____片

_____片

◆ 下面的物品有多少个？划去了几个？还剩几个？动手数一数、写一写，把算式补充完整吧。

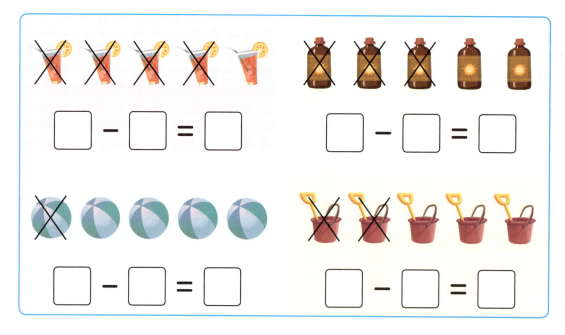

◆ 请你仔细观察下面这两幅图,从中找出5处不同。

◆ 下面是安娜为堆雪人准备的一些手套,请你帮她把成对的手套用线连在一起吧。

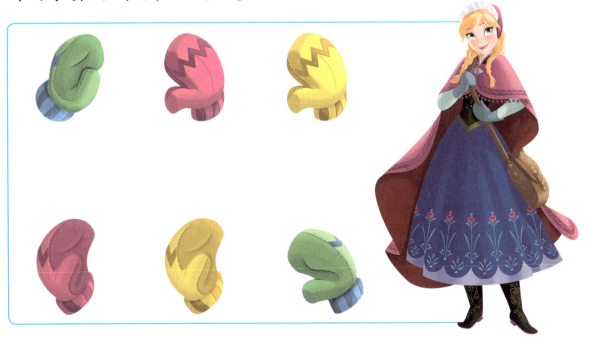

◆请你根据题目中数字所对应的颜色给下面的小六边形涂色，看看可以完成什么图案？

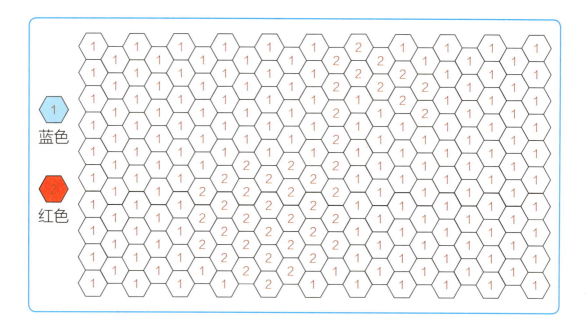

◆请你把蓝色框里的螃蟹圈起来，框外的海马画叉叉。

◆ 梅莉达正在玩拼图游戏。下面三组拼图中,哪组可以拼成图示中的图形?在正确答案的空白圆圈中打上"√"吧。

◆ 动手在红线的右侧画出图形的另一半,你知道画完后都是什么图形吗?

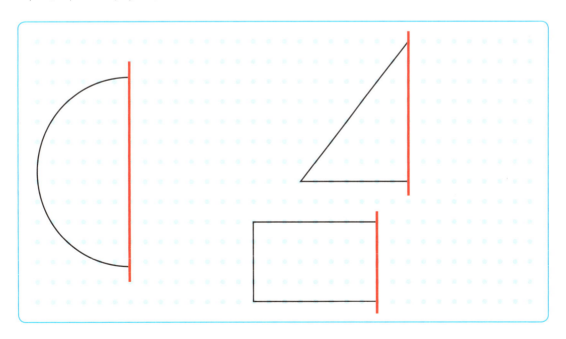

◆请你观察下面的图，将能组成完整事物的上下两部分连在一起。

◆是谁弄脏了乐谱？请你仔细观察，找出弄脏乐谱的小猫，并在对应的圆圈内打"√"吧。

◆ 下面气球的排列是有规律的，你发现了吗？请你记住这个规律然后将空白的气球涂上正确的颜色吧。

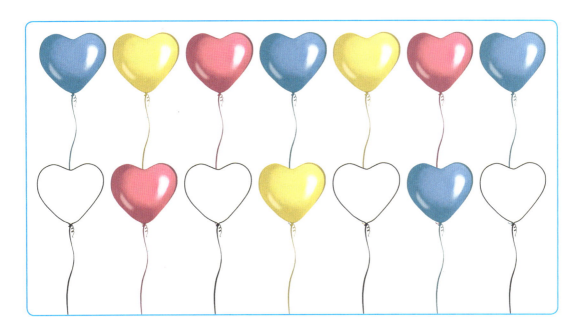

◆ 大白准备了一些小球，你发现这几个小球上数字排序的规律了吗？请你记住规律后，将上面的小球盖住，然后在下面一行小球的空白处将正确的数字写出来吧。

◆米奇和小伙伴们要在自己的房子前安装一个路灯。请你仔细观察,下面这些路灯应该是哪所房子的呢?用线连一连吧。

◆请你把下列图片的序号写在方格中正确的位置上，使图片能拼成一幅完整的图画。

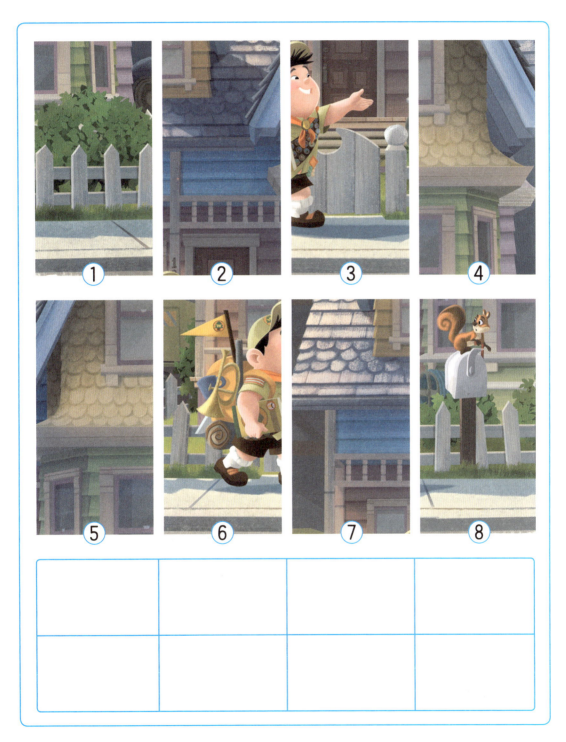

◆巴小飞正在玩七巧板游戏，请你根据左边图形的提示，帮他从右边散落的七巧板中找出多余的那块吧。

逻辑推理训练

难度 ★★★★★

◆ 请你根据线索提示，和唐老鸭一起，圈出符合要求的物品吧。

线索：❶ 文具　　❷ 用来写字

线索：❶ 玩具　　❷ 黄色的

线索：❶ 圆的　　❷ 一种蔬菜

数字认知训练

难度 ★★★★★

◆ 维尼在气球上写下了一些数字，请你根据要求，把气球上的数字写在对应的空白方框里吧。

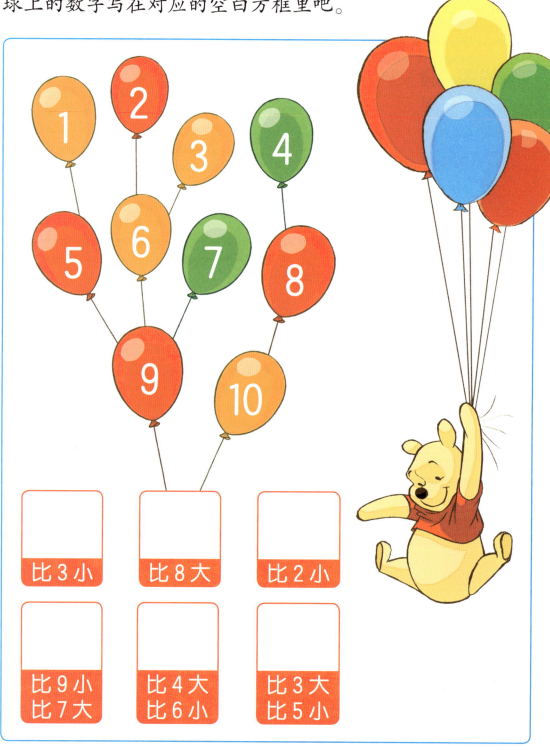

◆请你观察下面的小球，用线把相同的小球连起来吧。

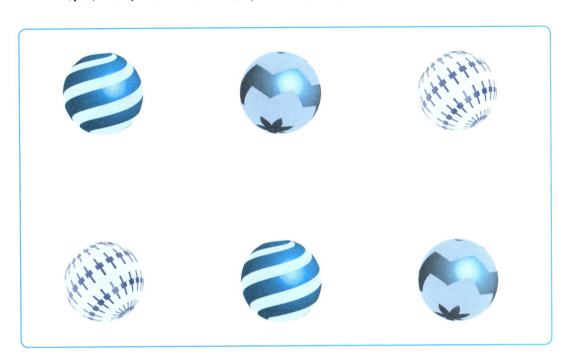

◆百亩森林正在举行聚会，请你观察聚会的场景，并在左边大图中圈出右边的小图吧。

◆下面的拼图被弄乱了。请你找一找，散开的拼图所对应的数字分别是多少？动手把对应的序号写在拼图旁边吧。

◆ 贝儿准备了很多的礼品盒，你知道这些礼品盒的盖子都是什么形状的吗？动手圈出来吧。

◆ 下面的这些数字都上下或左右颠倒了，请你将正确的数字写到横线上吧。

◆唐老鸭非常喜欢运动，请你根据提示想一想，他在做这些运动时会用到哪种体育器材呢？动手连一连吧。

◆请你观察下面这四个图案,记住每个格子中的颜色。

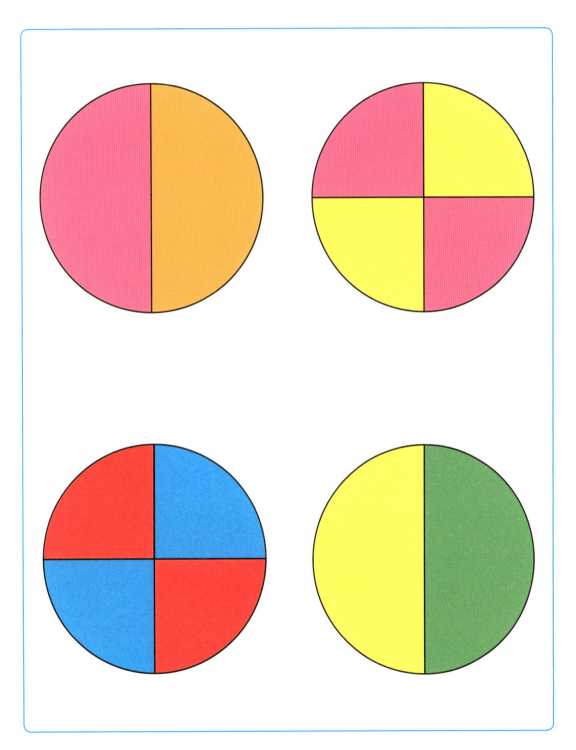

◆ 你还记得上一页的图案都是什么颜色的吗?动手涂一涂吧。

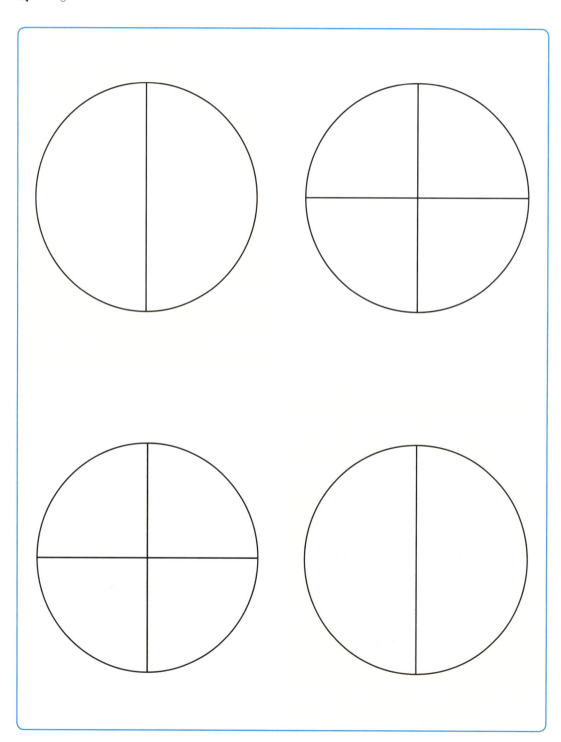

◆ 史迪奇准备了一些水果，左边的水果比右边的水果多几个或少几个？请你数一数，把答案写在方框中吧。

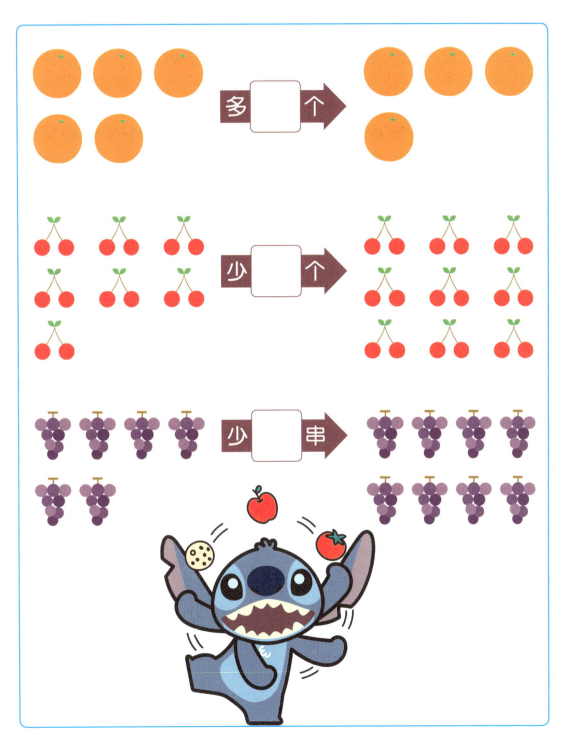

◆乐佩的生日到了,她收到很多礼物。根据包装形状,你知道乐佩收到的都是什么礼物吗?动手连一连吧。

◆请你找出与左上角完全一样的那幅图吧。

◆ 斑比在森林里有很多好朋友。请你和它一起找一找这些朋友对应的轮廓，并把正确的数字编号写在方框中吧。

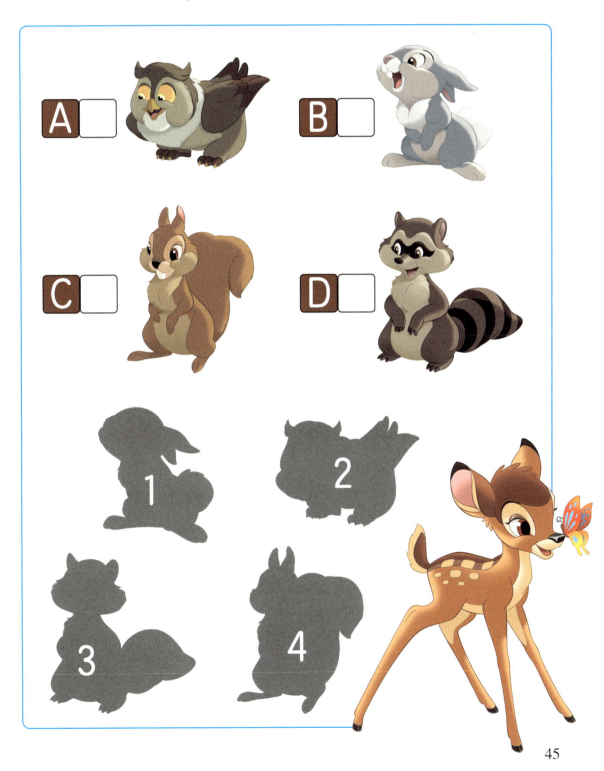

◆ 安娜的房间中有很多东西。你知道下面这些物品都在哪儿吗？动手圈出来吧。

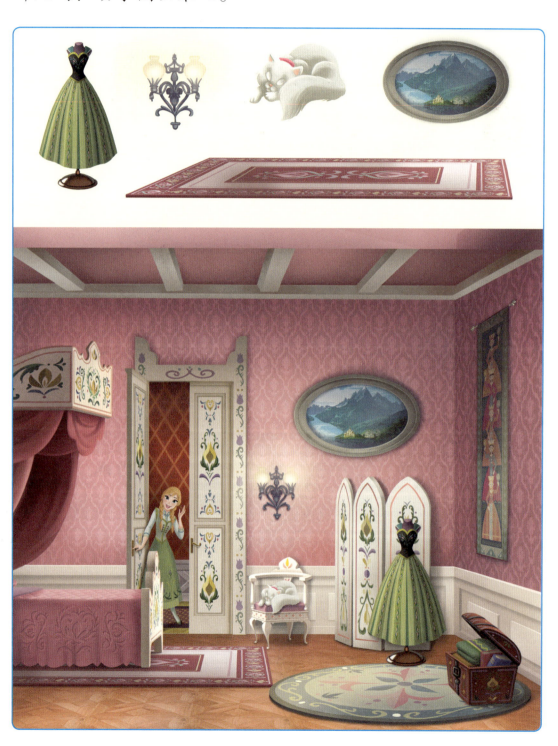

逻辑推理训练

难度 ★★★★★

◆ 艾莎正在玩圆盘游戏，请你根据圆盘的旋转方向，在空白处画上缺少的图案吧。

◆下面是仙蒂瑞拉用物品组成的算数谜题。请你根据每种物品所代表的数字完成算术题，并把答案写在方框里吧。

◆仙蒂瑞拉发给每只小老鼠1张数字牌，请你找一找数字牌相加为5的小老鼠，并用线连起来吧。

◆请你把每组图中不同的那个物品圈出来吧。

◆你知道下面这些物品缺少了哪部分吗？动手画出来吧。

◆云妮洛普准备了很多不同颜色、不同形状的糖果，请你将下面糖果所对应的数字找出来，并写到左侧的方格中。

◆请你把能拼成完整棒棒糖的图形配对找出来。

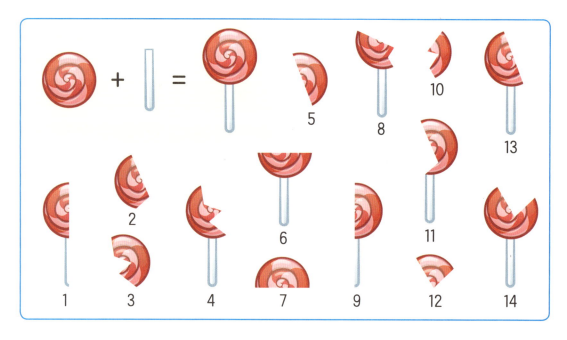

◆ 多莉最喜欢的海螺是什么样的呢？请你从起点出发，按照箭头的指示方向前进，找到它吧。

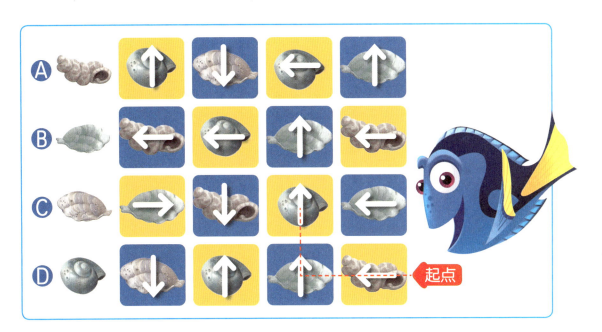

◆ 请你观察下面的图形，找到每组图形对应的影子，动手圈出来吧。

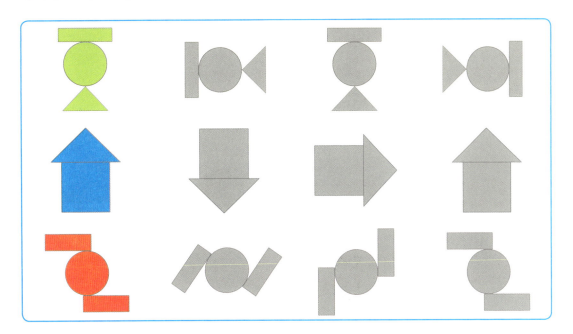

◆怪兽大学开始社团招新了，请你观察下面两个社团的合影，这两名学生分别属于哪个社团？把对应数字编号写在方框中吧。

◆请你仔细观察下面的跷跷板，要使第三个跷跷板平衡，需要几个圆形？动手画出来吧。

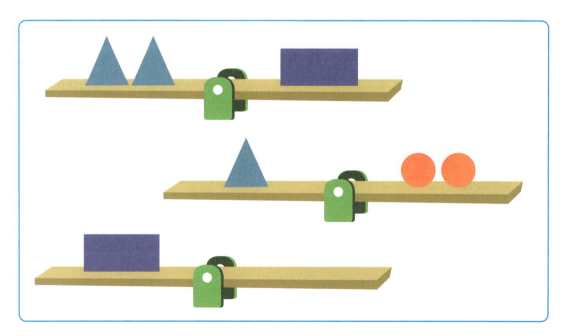

数字认知训练

难度 ★★★★★

◆ 请你和伊恩一起，数一数计数器上珠子的数量，把对应的数字写在方框里吧。

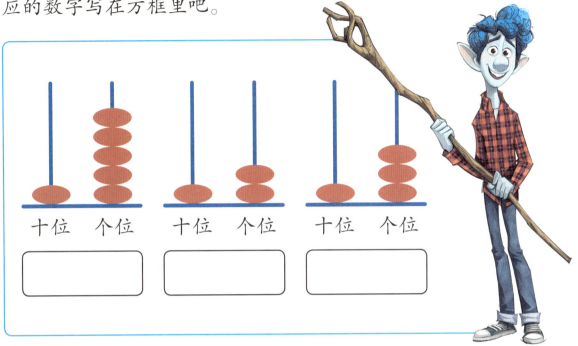

◆ 巴利正在解答数列难题，你来帮帮他吧。仔细观察每组数列，找出其中的规律，把正确的答案写在空白处。

◆哪个盘子里的叉子最多？请你数一数，再动手圈出来吧。

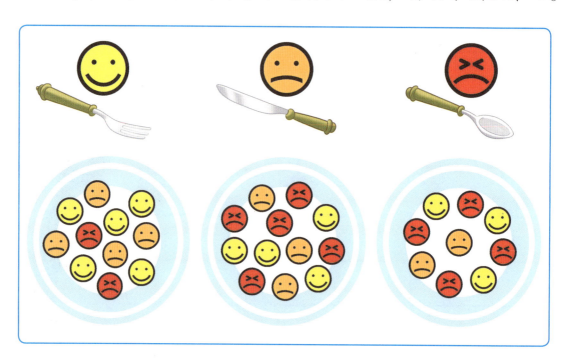

◆请你依照题目中数字所对应的颜色给下面的小六边形涂色，看看可以完成什么图案？

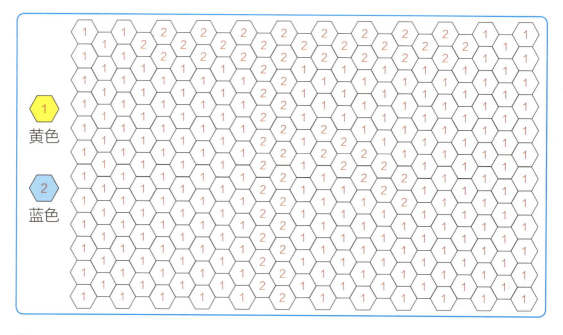

◆ 黛丝正在布置房间,请你从下面两幅图中找到5处不同。

◆ 米奇正在玩皮球,你能找出另外一个一模一样的皮球吗?动手圈出来吧。

◆你知道下面4个节气分别属于哪个季节吗？动手连一连吧。

◆观察下面每组图形，你发现它们的排列规律了吗？和苏菲亚一起在方框里画出图形并涂上颜色吧。

图形空间训练

难度 ★★★★★

◆ 阿洛和点点正在玩字母游戏，下面的字母都进行了变形或旋转，你能认出它们吗？动手写在右侧的方框中吧。

◆ 下面的钟表没有时针和分针。请你根据时间提示，给这些钟表画上正确的时针和分针吧。

 专注力训练    难度 ★★★★★

◆ 请你数一数,每种雨伞分别有多少把。把正确的数量写在对应的括号里吧。

◆ 兔朱迪购买了很多冰激凌,请你将冰激凌对应的序号找出来,并写在对应的方框中吧。

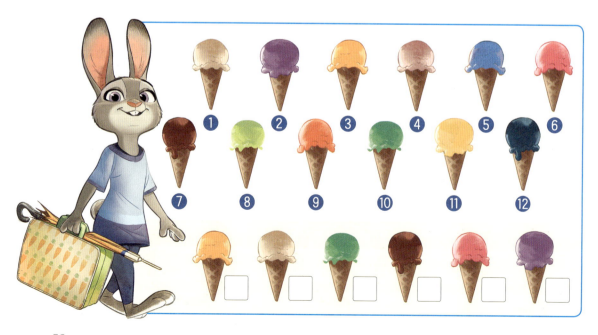

第 15 页

第 16 页
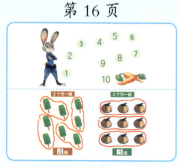

第 17 页

第 18 页

第 19 页

正方形 □（3）个

长方形 ▭（4）个

三角形 △（2）个

圆　形 ○（4）个

第 20 页

第 21 页
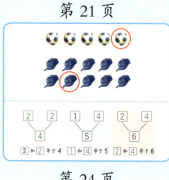

第 22 页

第 23 页

3+5　4+8　1+2　9+11　6+12

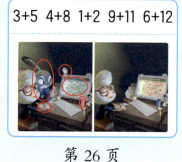

第 24 页

第 25 页

第 26 页

第 27 页

第 28 页
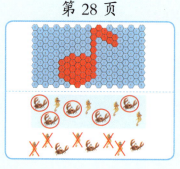

第 29 页

略